MIELENTILOJA

Pertti Hagelberg

Mielentiloja

Runoja matkan varrelta 2012 -2022

Kannen suunnittelu ja toteutus: Pertti Hagelberg
Sisuksen taitto: Pertti Hagelberg

Kustantaja: BoD – Books on Demand, Helsinki, Suomi
Valmistaja: BoD – Books on Demand, Norderstedt, Saksa

ISBN: 978-952-33-9653-1

MERI

Merellä on tuhansia tarinoita, vain taivas tietää määrän, tuntee unohtuneet tarinat. Siellä missä meri ja taivas kohtaavat, missä valo lävistää pilvet; siellä tarinat odottavat löytäjäänsä.

Sinne sijoitan Underwoodin, sinne löytävät tuuleen huudetut, ammoin kadonneet sanat ja lauseet. Siellä tarinat täyttävät rivi riviltä tyhjän paperin, saavat näkyvän muodon, tallentuvat muistiin osaksi historiaamme.

1

tunnelmat vaihtuvat

värit elävät

PÄIVÄNNOUSU

Oranssi
syntyy pimeästä
heijastuu pakenevista yöpilvistä veden pintaan
> *uusi päivä on nousemassa meren takaa*

hetken mentyä
aurinko sulattaa taivaalla hehkuvat värit

pilvet haihtuvat
meri kylpee valossa
Välimeren paahteessa

MUISTIKUVIA

Kuu ja meri

>*tunnelma vaihtuu*

>*värit elävät*

hetkessä kaikki muuttuu

>*palmut tummuvat*

>*meren poikki kasvaa hopeinen silta*

>*muistiin painuu uusia kuvia*

muisteltavaksi

>*unohdettavaksi*

SADE

Illan hämärtyessä
tummat pilvet kerääntyvät meren ylle
värien sävyt vähenevät maisemasta

pisaroi
   alkaa pehmeä
   hiljainen sade

hotellille saavuttua katukivetys on märkä

ROSKAA JA ROINAA

Rankkasade huuhtoi vuorenrinnettä

valui pienenä purona

yhtyi muihin puroihin

kasvoi joeksi

päätyi mereen

otti matkalla mukaansa minkä irti sai

ihmisten hylkäämän

tarpeettoman

roskan ja roinan

pienet puut ja pensaatkin kelpasivat

sylkäisi saaliinsa rantahietikolle

turistien hämmästeltäväksi

lokkien leviteltäväksi

roskakuskien kerättäväksi

JOHDANTO HULLUUTEEN

Täysikuu

meri

sydänyö

    pyhä kolminaisuus

    ikiaikaiset kaipuun elementit

    johdanto hulluuteen

kerran kuukaudessa

omalla vastuulla

TANGER

Bussi seisoo liikennevaloissa

   sataa

vesi valuu pitkin kookasta tuulilasia

pyyhkijät toimivat harvakseltaan

sisällä lämmin kosteus tiivistyy huuruksi sivuikkunoihin

sateen lävitse edessä seisovien autojen punaiset jarruvalot

kimmeltelevät kuin rubiinit –

   Afrikan tähdet

sitten rubiinit sammuvat

ensin kauimmaiset

lopulta bussi nytkähtää liikkeelle

JÄLJET

Ajamme takaa jotakin sellaista

mikä on jo mennyt –

> *merkkejä haaveiden ajasta*

> *unelmien synnystä*

satunnaisten kohtaamisten jättämiä jälkiä

mitä on jäljellä vuosikymmenten jälkeen

> *myrskyjen tyynnyttyä*

> *sateiden mentyä*

vuosien retusoimia muistikuvia

haurauttaan hajoavia

2

läpi menneiden kesien, muistoista

ODOTUSTA

Aamuvarhainen maisema poikkeaa totutusta

kaikki on irrallista

> *yksityiskohdat korostuvat*

> *muodostaen kokonaisuuden*

odotusta

kuin jotain olisi kohta tapahtumassa

näkisi auringon

kuulisi hyvän uutisen

sattuisi käteen hyvä kirja

> *saisi ajatukset taipumaan sanoiksi*

> *tarttumaan paperille*

muistaisi yölliset unensa

EIRANRANTA

Aamutyhjät kadut Eiranrannassa

laivat huutelevat sumun takaa

lokit kirkuvat

> *mieleen nousee muistoja jo eletyistä kesistä*

syntyy suuria ajatuksia

sellaisia

joille päivällä ei löydy tilaa

Kaivopuiston kallioilla

näkymättömissä

sumu pehmentää ja vangitsee

Pyhän Henrikin katedraalin torni

nousee korkeuksiin

häviää sumuun tai taivaaseen

AAMU

Suviyön hämäryys vaalenee varhaisina aamun tunteina

luonto on jo herännyt

pilvet tihkuttavat viluista vettä

> *lämpö*

> *tulee vasta auringon mukana*

> *jos pilvet suostuvat väistymään*

LOKIT

Kesäisen illan kiireetön hetki

valkopurjeet merellä sekä

> *lokit*

jotka lensivät

läpi menneiden kesien

muistoista kaukaisilta kalliorannoilta

kauan sitten eletyiltä

KESÄYÖ

Muistan kesän ja kesäyön

vanhan pihamaan

järven pinnan

muistan veneen ja siinä lettipäisen tytön

hämmentävän tuntemuksen

nuoruuden kiihkon

silloin oli kesä aluillaan –

nyt on syksy

3

kuihtuvan kesän maa

HEIJASTUKSIA

Syksy tuo pimenevät illat
ikkunassa valo taittuu heijastuksina
ulkoinen sekoittuu sisäiseen

mikä on ulkona
mikä sisällä
mikä vain heijastuksena lasin pinnalla
mikä harhana levottomissa ajatuksissa
mielen mustissa tunneleissa

KUIHTUVAN KESÄN MAA

Loppukesän varhainen aamu
taivas salaperäisyyden verhossa

vain puut
aavistavat tulevan valon

ja linnut –
  linnut jotka kohta jättävät meidät
  ja kuihtuvan kesän maan

NAAKAT

Nurmi rapisee jalkojen alla
jäätyneet lehdet värjöttelevät puissa
peläten tuulenvirettä
joka saisi ne irrottamaan otteensa

aurinko nousee häikäisevän kirkkaana
aivan eri paikasta kuin kesällä

yksikään lintu ei laula

naakat etsivät aamupalaa asfalttitieltä
tiaisparvi pyyhkäisee vauhdilla pensaasta toiseen

KLAPIT

Kasaan klapeja pinoksi
leppää sinne
haapaa tänne
koivuja vain nimeksi

värit villiintyvät
asettautuvat eläväksi tauluksi

lehtipuita lapsettaa

KAPINALLISET

Asiat

ovat taipuvaisia järjestymään

ajatukset sen sijaan ovat

    kapinallisia

    kurittomia

vaikeita saada säntilliseen järjestykseen

pysymään

talutushihnassa

pään sisällä

HARMAUS

Huomaan pitäväni syksyn harmaudesta

  hitaudesta

   ilottomuudesta

pidän kaiken turhuuden tunteesta

antaa asioiden tulla ja mennä

   olkoon nyt sitten vaikka näin

aikanaan maa kääntää kylkeään

valo tulvii

linnut palaavat

kaikki on taas uutta

MAAILMANKAIKKEUS SYKKII

Kumu

maailmankaikkeuden sydämensyke

kumu kuuluu

kun Linnunrata hitaasti muuttaa muotoaan

tähdet etsivät uusia asentoja

meteorit jolkottavat loputtomia ratojaan

elämän syke

> *kumu jonka kuulee kun kulkee metsässä*

> *tai seisoo keskellä savista peltoa*

> *kuin olisi siinä aina seissyt*

maailmankaikkeus sykkii

planeetat värähtelevät

VILLIINTYNYT

Kuin varkain pyrkii syksy pihaan
aidan yli
> *kuuran rohkaisemana*
> *aamuauringon villitsemänä*

TIMANTIT

Kuura kimaltelee riippakoivun oksilla
  sinistä taivasta
  auringon hehkua
  valoa ja varjoja

vain keijut puuttuvat

ja linnut
jotka eivät tohdi
karistaa timantteja

AAMUN VALO

Julman kaunis talvinen metsä
kylpee aamun valossa
varjot häveliäästi suojanaan

LEIJAILLA

Puolityhjässä
pimeyden keskellä etenevässä bussissa
tuntee olevansa ajattomassa tilassa
voi vain leijailla
    menneen ja tulevan rajamaastossa
irti kaikesta

unohtaa oman rajallisuutensa
unelmoida
olla taas seitsemäntoistavuotias

4

mikä ihana mysteeri tutkijoille

LANGALLA

Ripustan sadepisaroita langalle

auringon kuivateltaviksi

tuulen vietäviksi

MUSTIKAT

Lapsi juoksee polulta pihamaalle

muki heiluu kädessä

marjat pyörivät pohjalla

> *"Ukki, metsässä oli monta mustikkaa,*
>
> *maista"*

muut tulevat perässä astiat puolillaan

SITRUUNAPUUN ALLA

"Una perhonen"
>   *pienen tytön tietävällä äänellä*
> *osoittaa lehvistössä lehahtelevaa perhosta Juan Miguelille*
> *hypähdellen sitruunapuun oksien alla*
>   *kuin siivet itselläänkin*

ELINAJANODOTE

Ihmisen elinaika pitenee

    sata vuotta ei ole tavaton ihme

puiden elinaika lyhenee

    sata vuotta on jo melkoinen ihme

    avohakkuut eivät salli poikkeuksia

mikä on ihmiskunnan elinajanodote

    montako sukupuuttoaaltoa vielä

    ennen kuin on meidän vuoromme

AMERIKAN IHME

Toukokuussa 2021
kaskaat nousivat mullan alta piiloistaan
     Virginiassa
     ja muualla itärannikolla...

17 vuotta
ja sama toistuu
     mikä ihana mysteeri tutkijoille
     maailmankaikkeuden selittäjille

TÄHDET

Iltahämärässä
kettu pyydysti hiiriä kesantoniityllä

yöllä
täysin pimeässä maisemassa
tähdet loistivat häkellyttävän kirkkaina
       kuin ne lapsena muistan
taivas syvän sininen
hehkuvine tähtisumuineen

aamulla häikäisevä kirkkaus
taivaanranta loimuaa kuin tulessa
maa kuurasta valkeana
kaikkialla hiljaisuus
vain koiran haukunta jostain kaukaa
       metsän takaa

TIETO

Olen osa maailmaa
jonka näen ulkopuolellani
jonka tapahtumista kuulen uutisissa

tieto ulkoisesta maailmasta lisääntyy
sisäinen maailma laajenee
        olen mukana
        tahdoin tai en

näenkö maailmaa enää koskaan
        sellaisena kuin se oli
        sellaisena kuin sen toivoisin vieläkin olevan
        sellaisena kuin sen tunsin kodikseni

6

olisi omissa oloissaan

(Jätkäsaaren aika 2012 - 2014)

SUMU

1

Päivän harmaa tylsyys –
ikkunoissa sumu tiivistyy pisaroiksi

merellä huutelevat laivat
odottavat vastausta rannalta

kaikki pysähtyy harmaan sisässä
korvat kuulevat
silmät eivät näe

eilen samanlaista
huomennakaan ei mikään muutu
päivät laahustavat samanlaisina
vain päivämäärät kalenterissa vaihtuvat

2

Päivän harmaa tylsyys –
kun mitään ei tapahdu
silloin ei todellakaan tapahdu mitään
ei vaihdu ainoakaan harmaan sävy

on turha odottaa
että menisi jo ohi
    ei se mene
tuuli ei tuule
ilma ei vaihdu
yksi ja sama tunnelma ei miksikään muutu

sumun sisällä kaikki on lukkiutunut paikoilleen
ajatuskaan ei läpäise usvamuuria
se pyörii kehää pään sisällä

mikään ei pääse ulos
mikään ei pääse sisään

3
Päivän harmaa tylsyys –
laivojen huhuilu
    lähtiessä
    satamaan saapuessa

huutaisiko itsekin
    avaisi parvekkeen lasit
vastaisiko Silja tai Viking huutoon

avautuisiko sankkaan sumuun väylä
syntyisikö yhteys
näkyisikö komentosilta

puhaltaisiko tuuli maiseman vapaaksi
paljastaisi sohjoiset rannat

vai pysyisikö sittenkin näkymättömissä
kaiken peittävän sumun tylsyydessä
jatkaisi tuijotusta ikkunasta
näkemättä minnekään
olisi omissa oloissaan

OODI MARRASKUULLE

Sade hakkaa tuulen antamalla voimalla
parvekelasit paukkuvat
ei väliä mistä ikkunasta taivaalle tähyät
vesi valuu ruutua alas
niin pohjoisessa kuin etelässä
taivas raskasta harmaata
pilvet matalalla

on neljäs marraskuuta
kohta lämpömittareissa näkyy sinistä
tuuli kasvattaa vauhtia merellä
pyyhkäisee kaduille
tuo mukanaan räntää ja lunta
kaikki muuttuu tasaisen harmaaksi
et huomaa rajaa jossa maa vaihtuu ilmaksi
meri taivaaksi
räntä lumeksi
syksy alkutalveksi

silloin kun on marraskuu

silloin kaikki on marraskuuta

turha yrittää

aina se on voiton saanut

kaiken osaaville kaiken taitaville

kaiken tietäville paikkansa osoittanut

aina se on kengät kastellut

puseron alle tunkenut

aina se on riemuissaan nurkissa pyörinyt

autioilla kaduilla voimiaan esitellyt

aina se on aikansa kestänyt

sitten tyytyväisenä

joulukuulle tilaa tehnyt

tietäen

että jos kaiken jälkeen

joku uhmakas vieläkin hymyä yrittää

adventtisohjoon sekin lopulta hyytyy

ei ihme ettei small talk luonnistu

nyt on marraskuu

KARUSELLI

Pelkään karusellin köysien pettämistä

sinkoutumista tuntemattomalle kiertoradalle

on turvallista kiertää samaa rataa

ajatella samat ajatukset aina uudelleen

tuntea samaa pelkoa aina uudelleen

tuntea sama paha olo aina uudelleen

kiertää kehää toden ja epätoden rajalla

tuntea ajaton yksinäisyys

> *muun maailman kiirehtäessä ohi*

olla sivullinen tähän kaikkeen

HÄIVÄHDYS RIOSTA

Hyytävä tuuli pyyhkii Jätkäsaaren rantoja
pöllyttää lunta
pyörii villisti autiolla kadulla
vauhdistaan nauttien

viima hioo talojen nurkkia
etenee jäätävänä Tyynenmerenkatua
etsii Välimerenkadun
kipuaa Kap Horninkadulle ja Rionkadulle

talvenselkä kuitenkin jo notkuu
laivaväylän kohdalla näkyy tumma vesi
ehkä pitenevät päivät tuovat häivähdyksen Välimereltä
tai peräti Riosta

TALVENSELKÄ

Tulisivat jo lokit

>*terävin siivin*
>
>*laajoin kaarroin*
>
>*taivasta viipaloiden*

viitoittaisivat tien auringonsäteille

liikuttaisivat taivaankantta

toisivat elämän maisemaan

päättäisivät pysähtyneet päivät

huutaisivat kuin hullut

taittaisivat taas tämänkin talvenselän

toisivat kevään tullessaan

TUULI

Maaliskuinen tuuli puhaltaa maisemaa vapaaksi

paljastaa sohjoiset rannat

palelevat puut

autot arvotuissa ruuduissaan

suorissa riveissä parkkipaikalla

menneen talven lumet sulavat hitaasti hulevesiksi

KEVÄT

Aamukävelyllä ajatukset harhailevat

aurinko! meren kimallus
lämpö kasvoilla
Eiranrantaa Kaivopuistoon
talvi takana

äkkiä tajuntaan leikkaa ääni

lokit! ne ovat täällä taas
siivet viipaloivat ilmaa
sirpaloivat taivaan
lensivät aiemmista kesistä

meri! varhaisen aamun raukeus
hetken olin muualla
muistoissa
keskikesän kalliorannalla

NOSTURIT

Kaikki mitä tapahtuu

tapahtuu ilman että liikautan sormeakaan

olen joutomies

tarpeeton

> *kuin mauri tehtävänsä tehtyään*

tunnen vahingoniloa katsoessani

> *Hernesaaren ja Hietalahden vanhoja nostureita*

useimmat täysin tarpeettomia

ehkä sittenkin myötätuntoa

ollaan samassa veneessä meren rannalla

> *ei merellä missä tapahtuu*

AJATUKSET

Hämärissä nurkissa unohtuneet ajatukset odottavat uudelleenlöytymistään. Keskenjääneitä, kiellettyjä, syrjään työnnettyjä, syntyessään mahdottomiksi koettuja. Eivät pidä paljoa meteliä itsestään, viihtyvät hämärässä hiljaisuudessa.

Vuosien jälkeen joku näistä ajatuksista saattaa nousta esiin mielen hämäristä loukoista. Muistuttaa olemassaolostaan. Kokeilee, olisiko nyt parempi aika, voisiko pyörähtää vähän eri asentoon vaikka ei aivan kohdalleen loksahtaisikaan.

Ovatko vuodet ajatuksia silotelleet vai ovatko saaneet lisää ryppyjä ja karheutta. Ovatko vuosia nurkissa lymyttyään tai yksinäisiä syrjäpolkujaan jolkottaessaan kokonaan väsähtäneet. Koskaan ne eivät kuitenkaan enää aivan samoilta tunnu. Vaikka kuinka omia ovatkin.

POHDINTOJA PÄIVÄN PUHEENAIHEISTA 2014

Mitä miettii mies? Istuu tuolissaan, otsa kurtussa ankarasti miettii.

Mitä mies miettii? Mittaisiko elintoimintojaan älypuhelimella vai muuttaisiko kirjoille Ruotsiin? Vai istuttaisiko kasveja jotka luovat yltäkylläisyyttä ympärilleen? Onko se kartanpiirtäjä joka päättää kenelle Krim kuuluu? Hidastaako viina vammojen paranemista ja heikentääkö aloilleen asettuminen ihmisen luita?

Mitä miettii mies? Lisääntyisivätkö tulot jos muuttaisi Tammisaloon, entä Suvisaaristoon? Jos raivo nousee, laskisiko kymmeneen vai tukistaisiko lasta kunhan pyytäisi anteeksi? Ärsyyntyisikö, jos bussissa nainen puhuu ruotsia?

Mitä mies miettii? Hurmioituisiko gourmetjuustosta Pariisista vai nauttisiko muhkean viinin lampaan kera? Vaihtaisiko Dönerin Vöneriin? Herättelisikö luovuutta tylsistymällä: lukisi puhelinnumeroita luettelosta ja lajittelisi sukkia vai kokisiko mindfulnessin aistimalla aamuvarhaisen tiskiveden lämmön ja solinan?

Mitä mies miettii? Leivonnainen vai karkki? Mies miettii muttei kerro. Omana tietonaan pitää jos jotain selviää. Harvoin ajatuksiaan muille jakaa, ainakaan selvinpäin.

7

ensin on kaikki - ja lopulta ei mitään

SEHNSUCHT

Kotiseutu

sieltä lähdetään

sinne aina palataan

siellä kulkevat elävät sekä jo kuolleet

lomittain menneessä elämässä ja nykyisyydessä

perityn tiedon ja viisauden päättymättömässä virrassa

TYTTÖ JA MERI

Kylmä tuuli lakaisee autiota katua
*   äkkiä muistan tytön rantakalliolla*
*   ja kesäisen meren*
tyttö kirjoittaa runoa muistikirjaansa
sanat saavat merkityksen
luovat lohtua

merikin muistaa tytön ja runon
meri muistaa menneet kesät
lokkien kaartelut
auringon nousut ja laskut

*   meri muistaa myös*
*   hukkuneet pakolaiset*
*   muoviroskan*
*   ympäristömyrkyt*

itse olin ne jo unohtanut

KORPIN HUUTO

Olenko jo kadottanut kurjet ja joutsenet

torvien toitotuksen

olenko unohtanut

lehtokertun laulun ja mustarastaan huilun

olen kaivannut

sepelkyyhkyn vimmaista huhuilua

korpin määrätietoista etenemistä kuusikossa

sen selkäpiitä raapivaa

karheaa huutoa

TÄHTIPÖLYÄ

Sieltä jostakin

tähtientakaisesta pölystä

syntyi aikanaan elämä

sieltä jostakin

kaukaa tähtien takaa

olemme tänne tulleet

pitkän matkan olemme kulkeneet

häviävän hetken täällä vaikutamme

> *tähtiä tavoitellen*

> *pölyksi palataksemme*

MUISTOISSA

Hän istuu nojatuolissaan
kuulolaite korvassa

päälaella harvenneet hiukset
työntävät juuriaan menneisiin aikoihin

silmistä näkee miten kaukana
muistoissaan hän vaeltaa

havahtuu äkkiä ja kysyy:
　　"mitäs Elsalle kuuluu?"

(96-vuotiaana poisnukkuneelle Äidilleni)

OLLA OLEMASSA

Muistojen palasista

   siitä mikä oli ennen

muodostuu se

   mikä on nyt

miten kaiken koemme

millaisia olemme

olemassa oleminen sinänsä

ilman muistoja

ei ole tyhjää merkityksellisempää

JATKUMO

Kun minua ei enää ole
kaikki jatkuu tietämättäni

    mutta mitä tapahtuu muistoilleni
ottaako joku ne ristikseen

niissä on kaikki –
ja lopulta ei mitään

RESILIENSSI

Loppujen lopuksi
kaikki tapahtuu hämmästyttävän nopeasti
ilman valtavia tunnemyrskyjä

sopeudutaan
jatketaan kuin mitään ei tapahtuisikaan
ilman suuria suruja

puut kuolevat ympäriltä
merenpeitto laajenee
mantereet muuttavat ääriviivojaan

linnut katoavat jäljettömiin
luonto kirjoittaa itseään uusiksi

TÄMÄ VIELÄ

Tämän vielä

    kuin lapion kiviseen peltoon

jaksoin

rohkenin

että muistaisin

että muistettaisiin

TUNNUSTUS

Aavistan jo ajan

kun takanani kuiskitaan:

> *ikäisekseen hän on kuitenkin vielä ihan terävä päästään*
>
> *on elänyt pitkän elämän*

tarvitsenko tuota tunnustusta

kuin mitäkin tärkeää päästötodistusta

elämän päättäjäisiä

LÄHTÖ

Albatrossi

> *(Albatrossit (Diomedeidae) ovat ulappalintujen lahkoon*
> *kuuluva suurten kapeasiipisten merilintujen heimo)*

levittää valkeat siipensä

nousee lentoon

lähtee

Tätä kirjoitettaessa ei ole hyväksikäytetty tekoälyä.

CARLO LEVI

Kristus pysähtyi Ebolissa
ei tohtinut edemmäs

Carlo Levi jatkoi Alianoon
Materaan
Jumalan selän taakse
Benito Mussolinin karkoittamana
1935